Cenacolo Jung Pauli

Max Luthuli.

Kwantumverstrengeling en die kollektiewe onderbewussyn

Fisika en metafisika van die heelal.
Nuwe interpretasies.

Boekindeks.

Y

Boekindeks..5

Inleiding...6

Kom ons begin met die ervaring van alle mense. Die vreemde toevallighede...........................9

Willekeurige feite en sinchronisiteit....................12

Carl Jung en die kollektiewe onderbewussyn.....15

Die ontmoeting tussen Carl Jung en Wolfgang Pauli..19

Watter bewyse het ons? Materialisme ontken die gees...22

Kwantum fisika. Die verskillende idees van Niels Bohr en Albert Einstein.................................25

Die bevestiging van die "kwantumverstrengeling" - gebeurtenis...29

Die "kwantumverweefdheid" en die "kollektiewe onderbewussyn"...32

Die waarnemer bepaal die gedrag van die elementêre deeltjies..35

Die "wêreldwye bewustheid van die wêreld".......39

Normaal en paranormaal......................................43

Die "buite die sintuie" -kragte van die psigiese heelal..45

Dinge wat op die "regte tyd" gebeur...................48

Die groot sinchronisiteit wat nou gebeur............52

Perché "Cenacolo Jung Pauli"?........................55

Ander boeke in hierdie reeks.............................58

....59

Kwantumverstrengeling en sinkronisiteit........59

The Universe Is Intelligent. The Soul Exists....64

Quantum universe and synchronicity.............67

Inleiding.

Carl Jung en Wolfgang Pauli het onderskeidelik op die gebied van gees en op die gebied van fisika gewerk. Hierdie twee sektore word as absoluut onversoenbaar met mekaar beskou. In werklikheid ontken wetenskaplike materialisme die bestaan van enige psigiese komponent in die bekende heelal.

Ten spyte van die groot afstand tussen hul vakgebiede, het die twee wetenskaplikes 'n samewerking tot stand gebring wat langer as twintig jaar geduur het. Gedurende die tydperk het hulle nooit opgehou om na 'n 'verenigende element' te soek wat die teorieë van die psigiese dimensie wetenskaplik kon verenig met die van die materiële dimensie nie.

Ongelukkig het die twee wetenskaplikes in hul leeftyd nie daarin geslaag om hierdie teorie te voltooi nie.

Die twee was egter die profete van 'n nuwe wetenskaplike interpretasie van die heelal. Trouens, die evolusie van kennis op die gebied van die kwantumfisika, en veral die eksperimentele bevestiging van verskynsels soos kwantumverstrengeling, het hul teorieë aktueel gemaak. Vandag kom die idee van 'n heelal wat nie in 'materiële voorwerpc' verdeel is nie, sterk na vore. Die heelal is nie in baie dele verdeel nie, maar bestaan uit 'n enkele werklikheid, bestaande uit gees en materie.

Dit is die werklikheid wat C. Jung en W. Pauli 'Unus mundus' genoem het. Materie en psige is ewe waardig en dra saam by tot die bestaan van die heelal.

Die "Cenacolo" is 'n plek van kennis en studie. Ons glo dat dit die mees geskikte omgewing is om werk te hervat waar Carl Jung en Wolfgang Pauli opgehou het.

Ons kan bevestig dat die wetenskaplike innovasies vandag hul adel aan hul navorsing gee en dit projekteer na nog meer gewaagde interpretasies as wat hulle hulself voorgestel het.

Carl Gustav Jung was 'n Switserse sielkundige en psigoterapeut, wat bekend was vir sy teorieë oor die kollektiewe onderbewussyn en die sinchronisiteit van gebeure. Wolfgang Pauli is een van die vaders van die kwantumfisika. Oor W. Pauli kan ons sê dat hy in 1945 die Nobelprys ontvang het vir sy studie oor 'n basiese beginsel van kwantummeganika, bekend as die "Pauli-uitsluitingsbeginsel".

Kom ons begin met die ervaring van alle mense. Die vreemde toevallighede.

"Was ek al vantevore hier?"

Vreemde toevallighede is sulke algemene ervarings dat niemand dit kan bevraagteken nie. Carl Gustav Jung praat daaroor deur 'n voorbeeld te gee:

'Toevallig vind ek dat my tramkaartjie dieselfde nommer het as die teaterkaartjie wat ek dadelik gekoop het. Dieselfde aand kry ek 'n oproep. Daardie persoon verwys na dieselfde nommer. Al hierdie herhalings kan nie lukraak wees nie. '

Ja, daar is ook onbelangrike toevallighede wat ons verbaas omdat dit in ons logika onmoontlike verbintenisse lyk.

Ontelbare voorbeelde kan genoem word. U sien 'n vriend in 'n moeilike situasie in u gedagtes. Later kom jy agter dat daardie persoon regtig 'n negatiewe episode deurgemaak het. Baie mense vermy sekere gedrag omdat hulle 'n gevoel van ongemak het.

Baie mense besluit byvoorbeeld om nie per trein te reis nie. Later kom dieselfde mense agter dat dieselfde trein 'n rampspoedige gebeurtenis beleef het. Sommige mense droom van 'n vriend wat hulle vergeet het omdat hulle in 'n ander stad woon. Die volgende dag ontmoet hulle dieselfde vriend op straat.

Almal van ons is dikwels getuies of protagoniste van soortgelyke gebeure. Aanvanklik is ons 'n bietjie verbaas, maar dan besluit ons dat dit 'n eenvoudige saak is, en ons is nie bekommerd nie.

'Toeval' is egter nie altyd gelyk aan 'ewekansige gebeurtenis' nie. Dit word getoon deur die feit dat sommige toevallighede probleme in ons gemoed veroorsaak wat lewenslank onopgelos bly.

Hierdie af en toe kom hierdie episodes weer in die gemoed op en stimuleer ons nuuskierigheid, tesame met 'n vae gevoel van misterie. Ons het die gevoel dat ons 'n kosbare aanduiding of voorstel verloor het.

Die bekende psigoterapeut Carl Gustav Jung het hierdie verskynsel lank bestudeer en baie van die teorieë wat in die res van hierdie boekie beskryf word, uitgewerk. Volgens Jung het baie "toevallighede" beslis toevallig gebeur, maar soms nie. Carl Jung veronderstel die bestaan van toevallighede wat as betekenisvol of selfs as 'numineus' beskou kan word (bedek met 'n heilige aura) en het die naam 'synchronicity' vir hulle geskep.

Willekeurige feite en sinchronisiteit.

"Agter elke" sinchronisiteit "is daar heel onbekende heelalle om te verken."

"Belangrike toevallighede" kan van baie soorte wees. Hulle kan byvoorbeeld gebaseer wees op drome of toekomsvisies of op episodes van geestelike kommunikasie.

Hoe dit ook al sy, hierdie gebeure, wanneer dit gebeur, behels die 'psigiese' en 'geestelike' deel van mense.

Ons aanvaar die hipotese dat die heelal nie net uit materie bestaan nie, maar uit materie en gees. Albei vorm ons werklikheid saam. In hierdie toestande kan ons baie verskynsels verstaan wat onverklaarbaar sou wees met die parameters van materialisme.

Jung het die verskynsel van vreemde toevallighede met wetenskaplike metodes bestudeer.

Carl Jung het die instrumente verskaf om te verstaan wanneer 'n toeval as 'n 'numineuse' beskou kan word. Wanneer die voorwaardes wat deur Carl Jung voorgestel is, vervul word, word toeval 'n 'sinkronisiteit'.

Natuurlik is dit nodig om te onderskei tussen ewekansige feite en sinchronisiteite. Willekeurige feite is deel van die daaglikse lewe en spruit uit die oorvleueling en verweefdheid van ons aktiwiteite met die van die wêreld rondom ons. Die heersende kenmerk van normale ewekansigheid is dat ons hulle as sinloos beskou, sodat hulle ons nie betrek nie en ons nie interesseer nie.

Die "synchronicities", daarenteen, maak 'n groot venster oop op die horison van misterie. Agter elke sinchronisiteit is daar heel onbekende heelalle om te verken, en daar is ontsaglike wysheid om toegang te verkry. Ongelukkig is ons oë nie geskik om hierdie horisonne te skandeer nie.

Synchronisiteite kommunikeer met ons in 'n onbekende taal. Daar is probleme om te stem tussen ons verstand en die hoër Mind wat die "synchronicities" genereer.

Carl Jung en die kollektiewe onderbewussyn.

Sielkunde van die diep siel. Die bron van die "kollektiewe onderbewussyn

Om die begrip "sinchronisiteit" ten volle te verstaan, moet ons Carl Jung se teorieë ondersoek.

Ferstens moet ons die begrip "kollektiewe onderbewussyn" bekendstel.

Volgens Carl Jung is daar 'n 'kollektiewe onderbewussyn' buite ons gedagtes. Hierdie bewussyn is nie in ons skedel opgesluit nie. Dit is 'n onafhanklike psigiese vlak met betrekking tot ons liggaamlikheid.

Die kollektiewe onderbewussyn:

-Dit is 'n totale "psigiese" vlak.

- Kan nêrens geplaas word nie.

- Dit is nie 'n voorwerp nie. Dit het geen lengte, breedte, lengte en gewig nie.

-Dit kan nie van hier af geneem word en daarheen verhuis word nie.

Die kollektiewe onderbewussyn 'bestaan', net soos ons siel of die ouderdom van 'n boom of die stroom van water in 'n rivier bestaan

Niemand kan die ouderdom van die boom in hul hande hou nie. Niemand kan die vloei van die rivier in die weegskaal weeg nie. Hierdie dinge bestaan egter beslis.

Die kollektiewe onderbewussyn is 'n totale psigiese werklikheid. Hierdie werklikheid bevat die ervarings van alle mense.

Daar is 'n groot voordeel: alle mense kan hierdie deposito gebruik. Die wysheid wat in die kollektiewe onderbewussyn voorkom, is soos water in 'n put. Almal kan op hierdie water put.

Die hele mensdom se ervaring word in die kollektiewe onderbewussyn gestoor in die vorm van 'argetipes'.

Vandag kan ons sê dat alle inligting rakende die mensdom gestoor word in die vorm van 'rekenaarlêers'. Hierdie "lêers" word "argetipes" genoem.

Alle mense kan interaksie hê met die "argetipiese elemente" van die kollektiewe onderbewussyn. As gevolg hiervan het ons almal baie kennis.

Hierdie kennis gaan verder as ons ervaring. Dit is 'n gratis geskenk. Carl Jung verklaar dat die 'argetipiese elemente' 'n nalatenskap is.

Soms beweeg die "argetipiese elemente" van die kollektiewe onbewuste en beïnvloed dit ons persoonlike bewussyn.

Hierdie ingrypings van die kollektiewe onderbewussyn genereer moeilik verstaanbare gebeure. Dit word 'sinchronisiteit' genoem.

Wanneer ons aan 'n 'sinchronisiteit' deelneem, verstaan ons die teenwoordigheid van 'n verborge betekenis. Ons verstaan egter nie die presiese betekenis daarvan nie.

Die ontmoeting tussen Carl Jung en Wolfgang Pauli.

Psigofisiese diagram van Pauli en Jung. Die wêreld van die "Human Psyche" is in balans met die wêreld van "Space-Time". Die wêreld van 'Determinisme' is in balans met die wêreld van 'Synchronicity'

Carl Jung en Wolfgang Pauli het die moontlikheid ondersoek dat die konsepte "Archetype" en

"Synchronicity" kan verwys na 'n werklikheid genaamd "Unus Mundus".

"Unus Mundus" is 'n filosofiese werklikheid. Alles kom van "Unus Mundus", en alles kom terug na "Unus Mundus"

Waarskynlik val "Unus Mundus" saam met die konsep van Neoplatoniese oorsprong, genaamd "Anima mundi".

Filosofieë en godsdienste het nog altyd die konsep van "Siel van die wêreld" ondersteun. Hierdie konsep is vandag in die Oosterse filosofie aanwesig.

Ons kan 'Tao' van die Chinese kultuur onthou, of 'Ātman' van die Indiese kultuur.

'N Soortgelyke begrip is egter ook in die Westerse godsdienstigheid aanwesig.

Ons onthou "God" en "Heilige Gees".

Daar is ook baie sekulêre terme om na hierdie werklikheid te verwys: Universal Mind, Global Consciousness, Spirit of the world.

As ons van die kollektiewe onderbewussyn praat, vind ons sterk analogieë met al hierdie godsdienstige of filosofiese entiteite.

Natuurlik het Carl Jung en Wolfgang Pauli hierdie saak nie vanuit 'n godsdienstige oogpunt aangespreek nie. Hulle studies het sekulêre fondamente gehad.

Wolfgang Pauli het die doel nagestreef om 'n siel terug te gee 'aan die natuur. Hy was oortuig dat materialisme die siel van die natuur uitgewis het.

Wolfgang Pauli, wat verwys na sielkunde, het 'n paar fundamentele oortuigings ontwikkel. Hy het vas geglo dat aan die begin van wetenskaplike ontdekkings bestaan daar psigiese intuïsies. Volgens Wolfgang Pauli word 'beelde van argetipes' in die gedagtes van die wetenskaplike gevorm, wat die geboorte van nuwe teorieë kan bevoordeel.

In samewerking met Wolfgang Pauli het Carl Jung vertroud geraak met die studies van kwantumfisika.

In die kwantumfisika is die onderskeid tussen materie en energie baie subtiel, amper nie bestaan nie.

Jung plaas 'n "nie-materie" -element, die psige, bo die "materie" -element.

Volgens Jung vorm psige en materie 'n enkele werklikheid, nie net psigies en nie net materieel nie. Hierdie unieke werklikheid kry die naam "Unus Mundus".

Die psigofisiese diagram wat deur Carl Jung en Wolfgang Pauli ontwikkel is, verbind die psigiese werklikheid met die materiële werklikheid van ruimte-tyd. In plaas daarvan, op die horisontale arms, skakel die diagram materialistiese determinisme met 'sinchronisiteit'.

Die diagram verenig die begrippe "psige" en "materie" grafies. Albei konsepte is ewe belangrik.

Watter bewyse het ons?
Materialisme ontken die gees.

In die heelal is daar slegs 'materie'. Hoe jammer!

Die Wikipedia-ensiklopedie definieer materialisme soos volg:

> Materialisme is 'n filosofiese posisie, waarvolgens alle werklikheid slegs in materiële voorwerpe bestaan.

Daarom sluit materialisme die teenwoordigheid van enige element van 'n 'geestelike' karakter beslis uit.

Materialisme is beslis 'n teorie in skrille kontras met die inhoud van hierdie boekie. In werklikheid ontken materialisme al die dinge waarin ons glo.

Die absolute beginsel van materialisme is dat die wêreld 'n masjien is. Die materialistiese wêreld is 'n plek waar alles volgens 'determinisme' gebeur.

Dit beteken dat elke 'aksie' deur 'n ander 'aksie' bepaal word. Enige gebeurtenis hang slegs af van die interaksies wat tussen materiële voorwerpe plaasvind.

Volgens materialisme is die mens slegs 'n meganiese toestel. Menslike handelinge word bepaal deur die meganiese wisselwerking tussen dele waaruit die menslike liggaam bestaan.

Kom ons som 'n paar punte van die materialistiese leerstelling op.

Die mens het 'n brein. In die menslike brein vind chemiese reaksies plaas. Hierdie reaksies bepaal gedrag.

Dit is nie vir die mens moontlik om 'n 'gewete' of 'n 'siel' te hê nie.

Die gedagtes, die voorstelle, die neiging tot die geestelike en die goddelike is slegs valse beelde. Geestelike insigte is afvalprodukte as gevolg van chemiese reaksies in die brein. Die mens bestaan net in sy skedel. Die man wat glo dat hy homself na die hemel projekteer, is 'n robot wat homself mislei.

Die mens is gebore uit die toevallige samevoeging van sommige grondstowwe.

Eendag. 'n mengsel van water, proteïene, vette, minerale, koolhidrate, vitamiene het die mens tot gevolg gehad. Dit het toevallig gebeur.

Kyk in die spieël en bewonder jou beeld. As jy dink jy is iets meer as hierdie hoop minerale, mislei jy jouself.

U is net 'n reeks potte wat op die rak van 'n chemiese laboratorium geplaas word. Eendag het ewekansigheid hierdie potte geskud en 'n robot soos jy geskep. Jy is 'n klein robot wat 'glo' dat hy dink, liefhet en begeer. Eintlik mislei jy jouself.

In die laaste paar eeue het materialisme 'n onherstelbare kloof tussen 'materiële elemente' en 'psige' geskep. Die materialistiese wetenskap het homself gevestig en sterk ateïstiese konnotasies aangeneem. Terselfdertyd het die aanhangers van materialisme al die dominante posisies van kultuur en samelewing beklee.

Trouens, diegene wat nie materialistiese oortuigings bely nie, word uitgesluit van enige moontlikheid van 'n wetenskaplike loopbaan.

Gelukkig is materialisme 'n ou struktuur wat in duie stort onder die houe van nuwe wetenskaplike bewyse.

Vandag is daar prominente wetenskaplikes, meestal kwantumfisici, wat 'n heeltemal ander beeld van die kosmos teken.

Dit is 'n nuwe werklikheid, maar terselfdertyd oud. Dit is 'n sterk "geestelike" georiënteerde werklikheid.

Kwantum fisika. Die verskillende idees van Niels Bohr en Albert Einstein.

'God speel nie dobbelsteen nie.' (Albert Einstein)

Daar is 'n raaisel in die kwantumfisika wat die slaap van Albert Einstein versteur het. Einstein het nie enkele aspekte van die kwantumteorie gedeel nie. In die besonder stem Albert Einstein nie met die "Niels Bohr" -teorieë saam nie.

Hierdie proefskrifte is ondersteun deur die 'Copenhagen School' wat deur Niels Bohr self gestig is.

Albert Einstein verwerp die beginsel dat dit onmoontlik is om die posisie en snelheid van 'n 'elementêre subatomiese deeltjie' gelyktydig te bepaal.

Hy het die beroemde stelling geskep: "Ek is oortuig dat God nie dobbelstene speel in die heelal nie".

Met hierdie aforisme bedoel Einstein dat elke aspek wat verband hou met die gedrag van materie te alle tye meetbaar moet wees.

Dit moet op enige oomblik moontlik wees om presies te weet waar 'n "subatomiese deeltjie" is. Terselfdertyd moet dit moontlik wees om die spoed daarvan te ken.

Die teorieë van die "Copenhagen School" stel 'n ander ding.

Volgens die onsekerheidsbeginsel van die kwantumfisika (die beginsel van Heisenberg) het elke elementêre deeltjie twee toestande: vaste deeltjie en vibrerende golf. Gevolglik is dit nie moontlik om terselfdertyd die posisie en spoed van 'n elementêre deeltjie te bepaal nie.

Verder betwis Einstein die bestaan van 'n geheimsinnige fisiese effek wat bekend staan onder die Engelse naam "quantum entanglement".

Kom ons kyk na 'n vereenvoudigde weergawe van 'kwantumverstrengeling'. Ons gebruik elementêre deeltjies wat 'fotone' genoem word. Onthou dat fotone die elementêre deeltjies is waaruit lig bestaan. Lig bestaan uit 'n stroom van miljarde fotone.

Gestel ons het 'n toestel wat twee fotone produseer.

Die twee fotone is "komplementêr", dws hulle vul mekaar aan. Om te vereenvoudig, laat ons sê dat die een draai na regs en die ander draai na links. Op hierdie manier is die som van die twee rotasies nul.

Die 'rotasie' van elementêre deeltjies word 'spin' genoem.

Laat ons nou die twee fotone skei. Ons beweeg die twee fotone op 'n groot afstand van mekaar af.

Wel, as ons die draairigting van een foton omkeer, keer die ander ook sy draairigting tegelykertyd om.

Dit gebeur selfs as ons die twee fotone na twee verskillende sterrestelsels of na die twee ente van die heelal verskuif het.

Die rotasieverandering vind dus plaas met 'n spoed groter as die ligspoed. Verder vind die rotasieverandering van die tweede foton op 'n geheimsinnige manier plaas. Daar is tans geen bekende energie tussen die twee fotone nie.

Einstein het hierdie eksperiment gedefinieer met die woorde "spektrale werking op 'n afstand". Hierdie woorde het die geskiedenis ingeskryf om "verstrengeling" te definieer.

Dit staan in kontras met die 'materialistiese' opvatting van die wêreld, wat 'deterministies' is. Volgens 'determinisme' moet elke gebeurtenis uit 'n vorige gebeurtenis ontstaan.

Kom ons kyk na twee biljartballe. Die "B" -bal tref die "A" -bal.

Die druk van die bal "B" verander die posisie van die bal "A"

Die biljartbal "A" beweeg na die treffer van die bal "B".

Op kwantumvlak werk dinge anders.

Biljartbal "B" begin "gelyktydig" beweeg met biljartbal "A".

Eers gebeur dit dat bal "B" sy posisie verander.

Dan gebeur dit dat die "A" -bal die "B" -bal tref.

In werklikheid is dit waar, selfs al is die 'A' swembadbal op die planeet Aarde en die 'B' swembadbal op die planeet Jupiter.

Daarom is daar 'n onbekende krag wat energie en inligting oordra. Hierdie krag is nie die swaartekrag nie.

Albert Einstein het geglo dat 'kwantumverstrengeling' slegs op 'n 'deterministiese' manier bereik kan word. (Die balle beweeg as dit gedruk word).

Volgens Einstein was die teorie van kwantumfisika onmoontlik. Volgens Einstein lê die verklaring in 'n fout in die berekeningsalgoritmes. Hy glo dat die algoritmes nie alle parameters in ag neem nie.

Ten spyte van Einstein se oortuiging, het die eksperimente wat in die 1980's uitgevoer is, bevestig dat die prosedures korrek is.

Daar is 'n kwantumwerklikheid wat heeltemal ontkoppel is van klassieke fisika.

Daar is 'n sfeer van die heelal wat "nie onderworpe is nie" aan die reëls van materialisme. Hierdie gebied van die heelal word 'nie-lokaliteit' genoem.

Die bevestiging van die "kwantumverstrengeling" - gebeurtenis.

Die "Alles" is "Een". Jy is "Een" en jy is "die Almal"

Die eksperimente wat in 1982 deur die Franse fisikus "Alain Aspect" uitgevoer is, bevestig die werklikheid van die verskynsel van "kwantumverstrengeling". Vandag het ons bewyse dat 'nie-plaaslike' werklikheid bestaan.

As Einstein nog geleef het, sou hy die getuienis moes erken. Twee elementêre deeltjies wat deur gewone geboorte verenig word, bly vir ewig verenig. Die binding wat die elementêre deeltjies verenig, is nie fisies nie. Dit is 'n beperking wat buite ruimte en tyd strek.

Die materialistiese wetenskap erken egter nie hierdie nuwigheid nie.

Die probleem wat by die tradisionele wetenskap spook, is groot. Die "kwantumverstrengeling" omverwerp al die wette van klassieke fisika, ook bekend as "Newtoniaanse fisika".

Kom ons kyk na 'n paar beginsels van klassieke fisika:

- Die werklikheid is oorsaaklik en meganisties.
- Die pyl van tyd stel 'n rigiede hiërargie in die evolusie van gebeure daar.
- Elke gebeurtenis is afkomstig van 'n vorige gebeurtenis en lewer daaropvolgende gebeure op.
- Geen gebeurtenis kan die oorsaak wees van iets wat reeds gebeur het nie.
- Die limiet van die snelheid van die lig kan nie oorskry word nie. (300 000 kilometer per sekonde).
- Elke krag (gravitasie, magneties, ens.) Neem af as 'n funksie van afstand.

Op die elementêre deeltjievlak is geen van hierdie reëls geldig nie:

-Daar is geen perke nie as gevolg van die "snelheid van die lig".
- Die beginsel dat kragte verswak wanneer afstand toeneem, is ongeldig.

- Die pyl van tyd is nie meer geldig nie. In werklikheid is daar geen tydsverskil tussen aksie en reaksie nie.

- Die "voor" en die "daarna" bestaan nie meer nie.

- Om dieselfde rede bestaan 'kousaliteit' nie meer nie. Aksie en reaksie vind gelyktydig plaas.

Kom ons ondersoek weer die gedrag van die twee fotone. Onthou dat ons die twee fotone na astronomiese afstande verskuif het.

Hoe weet 'n foton dat die ander foton voorberei om die "draai" te verander?

Hoe verander die foton sy "draai" "gelyktydig"?

Watter vorm van kennis bestaan daar tussen die twee fotone?

Stel u 'n ruimte voor wat nie van materie gemaak is nie.

Hierdie ruimte is 'psigies', en dit elimineer alle tyds- en afstandsprobleme.

Die ruimte is deur die Griekse filosoof Plato voorgestel, wat dit die 'World of Ideas' genoem het.

Carl Jung het hom ook 'n ruimte soos hierdie voorgestel en dit die 'kollektiewe onderbewussyn' genoem.

Dit is 'n ruimte genaamd 'nie-lokaliteit' omdat u dit nêrens kan plaas nie.

Die 'nie-lokaliteit' is oral. Dit deurdring die hele heelal.

Elke deel van die heelal is deurtrek van energie en inligting.

Ten slotte is daar geen verdeling van 'dinge' in die heelal nie.

Ons sintuie wys vir ons 'n heelal wat in verskillende voorwerpe verdeel is. In die subatomiese werklikheid is die heelal een.

Die "kwantumverweefdheid" en die "kollektiewe onderbewussyn".

"Sluit aan by die Kosmiese werklikheid."

"Kwantumverstrengeling" toon aan dat daar 'n vlak is waar die heelal hoër wette as materialisme gehoorsaam. Dit is 'n vlak wat tyd, ruimte en materie oorskry.

Maar daar is nog 'n buitengewone implikasie. Soos die kwantumfisika aangetoon het, gedra twee aparte deeltjies hulle asof hulle 'n enkele deeltjie is. Die gevolg is dat die hele heelal deur 'n geheimsinnige krag verenig word. Hierdie krag transformeer die heelal van veelvoud in 'n 'heelal waar alles een is'. In werklikheid kom die hele heelal uit 'n enkele gebeurtenis, die 'Big-bang'.

Al die elementêre deeltjies in die heelal is uit dieselfde gebeurtenis gebore.

Op die vlak van 'nie-lokaliteit' is daar geen ruimte of tyd nie.

Vanaf hierdie vlak vloei al die inligting van die heelal na ons gewete. Hierdie oerinligting vloei in die vorm van argetipes.

Net so kom die "sinchronisiteite van Carl Jung" op die vlak van "nie-lokaliteit" voor.

Carl Jung se 'synchronicities' lewer al die nuuskierige toevallighede op, die voorstelling van wat gaan gebeur, die visioene van die toekoms. Dit is vensters wat oop is vir die ruimtes van die gees.

Nou begin ons glo dat die volmaaktheid van die skepping nie die gevolg van toeval is nie, maar dat dit uit 'n beter rigting kom.

Die vlak van 'nie-lokaliteit' vernietig die begrip 'materialisme'. Hierdie vlak impliseer die aanwesigheid van 'n 'Entiteit' wat die heelal rig.

Is daar 'n 'Tao', is daar 'n 'Gees' wat die heelal regeer deur die wette van materie te vernietig?

Carl Jung teoretiseer die bestaan van 'n 'kollektiewe onderbewussyn', dit wil sê 'n 'kollektiewe universele bewussyn' buite die individuele bewussyn.

Die "oer-argetipes" vloei voort uit die kollektiewe onderbewussyn en val ons bewussyn binne.

Argetipes is simboliese figure. In ons gewete word argetipes omskep in waarskuwings, advies, buie, voorgevoelens, bewustheid.

Die krag agter 'kwantumverstrengeling' sowel as Carl Jung se 'kollektiewe onderbewussyn' is waarskynlik dieselfde. "Sielkunde" en "kwantumfisika" kan saamwerk.

"Kwantumfisika" is eers aan die begin, maar die teorie van materialisme. ondersteun deur wetenskaplikes van die laaste paar eeue, is dit besig om te verbrokkel.

Die millennium wat nou begin, sal die millennium wees wat die 'verenigende formule' sal vind tussen die heelal van materie en die heelal van gees. Jung en Pauli se droom sal waar word.

Die waarnemer bepaal die gedrag van die elementêre deeltjies.

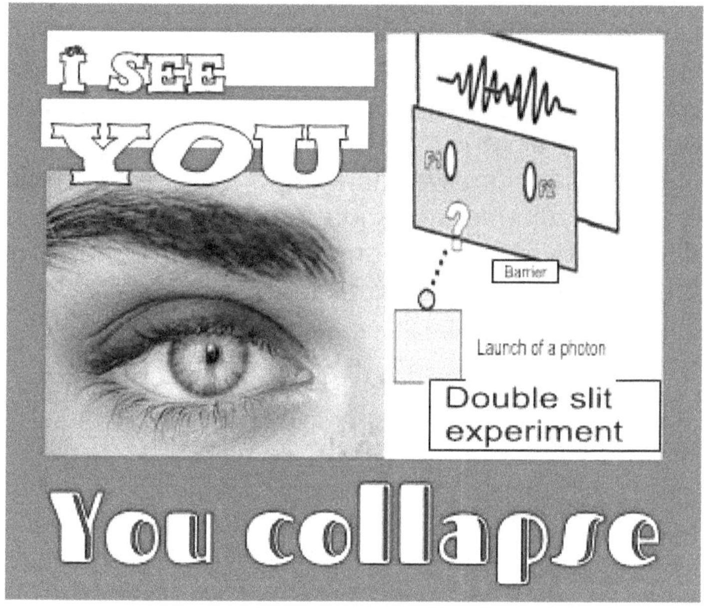

"Ek kyk na jou en jy stort ineen". Die rol van die eksperimenteerder in die kwantumwerklikheid.

Die eksperiment genaamd 'Double Slit Experiment' laat toe om 'n verrassende verskynsel te verifieer, tipies van die gedrag van elementêre subatomiese deeltjies.

Die eksperiment "gooi" 'n "foton van lig" na 'n versperring met twee gate. Op hierdie stadium neem ons aan dat die foton van die lig deur die een of die ander gat moet gaan.

Dit gebeur nie. Die enkele ligfoton gaan deur albei gate. Dit gebeur met enige elementêre deeltjie.

Ons weet met sekerheid dat normaalweg die fotone van lig deur albei gate gaan, omdat dit die spoor van die twee gange agterlaat op 'n fotografiese plaat wat agter die twee gate geplaas is.

Dit is nie 'n ongegronde eis nie. Hierdie verskynsel is bevestig in honderde eksperimente. Die hele wetenskap erken dat hierdie eksperiment geldig is.

Die verskynsel wat ek beskryf het, word 'superposisie van state' genoem.

Hierdie eksperiment toon duidelik dat 'n foton van lig op dieselfde tyd op twee verskillende plekke kan voorkom.

Die "Superposisie van state" is die basis van die verskynsel wat bekend staan as "kwantumverstrengeling".

Inderdaad, 'n foton van lig is sowel 'n 'elementêre deeltjie materie' as 'n 'golf of vibrasie'.

Voor 'n versperring met twee splete gedra die ligfoton hom soos 'n sirkel water wat geproduseer word deur 'n klip wat in die meer gegooi word.

Die foton neem nie 'n spesifieke plek in nie. Hy is versprei in die golf / vibrasie. Daarom kan 'n foton van lig ook gelyktydig op twee plekke voorkom.

As u dink dit is verbasend, moet u weet dat dic verhaal nie daar eindig nie.

Stel jou 'n besonder metodiese wetenskaplike voor. Hy besluit om die feit te verifieer.

Hierdie wetenskaplike plaas 'n toetsinstrument agter een van die twee gate om te sien of die foton van die lig deur die gat gaan.

Die wetenskaplike "gooi" 'n paar "fotone van die lig". Hierdie keer gaan die 'fotone van die lig' deur 'n enkele gat, die gat word met die inspeksie-instrument gemonitor.

Met behulp van 'n wetenskaplike term word gesê dat die foton van die lig "ineenstort", dit wil sê dit val in 'n presiese toestand. Dus gedra die foton van die lig nie soos 'n golf nie, maar soos 'n deeltjie.

Ons kan dink dat die foton van die lig intelligent is.

Inderdaad, as daar geen beheerinstrumente is nie, gaan die ligfoton deur twee gate.

Omgekeerd, wanneer die wetenskaplike die 'foton van die lig' beheer, gaan dit net deur een gat. Meer presies, dit gaan deur die gat waar die beheergereedskap geplaas is.

Die belangrikste gevolg van hierdie eksperiment is skokkend.

Die wetenskaplike wat die eksperiment uitvoer, kan die gedrag van die foton en van enige ander elementêre deeltjie bepaal.

Hy kan dit eenvoudig doen deur dit te "waarneem". Om 'n detektorgereedskap agter 'n gat te plaas, is 'n waarnemingsoperasie.

Om hierdie rede word die eksperimentele wetenskaplike in die wetenskaplike terminologie 'waarnemer' genoem.

John Wheeler was 'n belangrike fisikus in die 1930's en 140's. Baie bekende natuurkundiges het aan Wheeler se skool grootgeword, waaronder Richard Feynman.

John Wheeler is van mening dat 'die rol van die waarnemer' die belangrikste aspek van die kwantumfisika is.

Hy stel voor om die term "waarnemer" te vervang deur die "deelnemer". Inderdaad, 'n waarnemer mag passief wees, maar in die kwantumfisika speel die waarnemer 'n deurslaggewende rol.

Hier is 'n bekende aanhaling van John Wheeler:

"Die meting verander die toestand van die elektron. Na 'n meting is die heelal nie meer dieselfde nie.

Om te beskryf wat gebeur, moet ons die woord "waarnemer" verwyder en die nuwe woord "deelnemer" gebruik.

Op 'n sekere manier is die heelal 'n 'deelnemende heelal'.

Op die vlak van elementêre deeltjies is die wil van die waarnemer bepalend vir die funksionering van materie. Die waarnemer kan die gedrag van fisiese materie bepaal.

Op die oomblik is dit waar in die wêreld van elementêre subatomiese deeltjies.

Miskien sal ons deur middel van daaropvolgende studies nog meer verrassende aspekte ontdek. Miskien kan die wil van die mens ook op atome, molekules en hele organismes ingryp.

Miskien gebeur dit al, maar ons sien dit nie raak nie.

Die "wêreldwye bewustheid van die wêreld".

"Globale bewustheid." Die vroeë waarskuwing van die gewete van die wêreld.

Verskeie wetenskaplike eksperimente het bevind dat gebeure van groot belang variasies in die bewussyn van individuele mense veroorsaak.

Volgens die eksperimente "sien die bewussyn die gebeure wat op die punt staan om te gebeur" vooraf. Bewustheid het hierdie krag onwetend.

In die bewussyn van lewende wesens is daar "versteurings" wat die aankoms van gebeure wat vir die gemeenskappe relevant is, aandui.

Die eksperimente wil die volgende vrae beantwoord:

- Is dit moontlik om die "versteuring" van die gewete van 'n gemeenskap te meet?

- Is dit op grond van hierdie 'versteuring' moontlik om die koms van 'n baie invloedryke gebeurtenis te voorspel?

Daar is wetenskaplike navorsing wat hierdie vrae wil beantwoord.

Hierdie ondersoek vind plaas as deel van die projek wat in die 1980's deur professore Robert Jahn en Brenda Dunne aan die Princeton Universiteit geskep is. Die projek is die "Princeton Engineering Anomalies Researh". Navorsing duur tans voort.

Hierdie projek is gebore toe eksperimente ons die bestaan van 'n kollektiewe wêreldwye bewussyn kon voorstel.

Die studies bevestig die psigokinetiese effekte op sommige instrumente wat 'elektroniese ewekansige getalopwekkers' genoem word. In tegniese terme word die toestelle RNG (Random Number Generator) genoem.

Die getalle kan ewe of onewe wees, dus soos in die flip van 'n muntstuk, word die resultaat na 'n redelike aantal blaaie plat (50-50).

In die vroeë stadiums van die eksperiment is vrywilligers gebruik. Vrywilligers moes probeer om die ewekansige tekening van getalle te beïnvloed.

Die vrywilligers kan inderdaad interessante variasies uit die statistieke genereer.

Voortgesette navorsing het die navorsers bevestig dat die RNG-kragopwekkers resultate kon lewer wat anders was as wat statisties voorspelbaar was. Dit het ook gebeur sonder die ingryping van vrywilligers.

Gevolglik veronderstel die eksperimente die bestaan van 'n kollektiewe bewussyn wat die kragopwekkers kan beïnvloed onafhanklik van die werk van die vrywilligers.

Die volgende jaar word hierdie hipotese deur eksperimente versterk. Met die meer gesofistikeerde tegnologie kon die projek uitgebrei word. Aan die nuwe projek, genaamd (Global Consciousness Project), het baie ander wetenskaplike instellings van regoor die wêreld deelgeneem.

RNG-instrumente is feitlik regoor die wêreld geplaas, van Europa tot die VSA tot Rusland en dan ook in Japan, Brasilië, China, Suid-Amerika, Australië en Afrika.

Hierdie kragopwekkers, wat nog in werking is, verrig die taak van die vrywilligers.

Die toestelle genereer ewekansige getalle (0 of 1) honderde kere per sekonde. Terselfdertyd stel die toestelle 'n voorspelling op. Laastens gaan die toestelle na of hul voorspelling korrek is.

Die resultate is ongelooflik. Voordat groot kollektiewe gebeure plaasvind, raai kragopwekkers voorspellings baie meer gereeld as die statistiese gemiddelde.

Die gebeure wat later sal gebeur, verander blykbaar die manier waarop die gereedskap werk.

In die praktyk kan RNG-instrumente beduidende variasies opneem in die kollektiewe bewussyn van menslike gemeenskappe binne die omvang van die instrument wat die instrument kan bereik.

Die variasie bestaan uit 'n groter aantal presiese voorspellings.

As die gebeurtenis 'n hele kontinent kan beïnvloed, neem al die RNG-instrumente van daardie kontinent dieselfde variasies op.

Die meting wat gemaak is, was 'n verrassende bevestiging

enkele ure voor die aanval op die Twin Towers in New York op 11 September 2001. By daardie geleentheid is 'n groot toename in die korrekte voorspellings gemeet.

Professor Dean Radin, wat aan die projek deelneem, beskryf die gedrag van RNG-apparate in sy boek "Interconnected Minds":

"Op 11 September 2001 het die kurwe van die grafiek op die skerm 'n ongelooflike afwyking ondergaan van die ander dae wat ondersoek is.

Die kurwe van die grafiek op die skerm het 'n buitengewone hoë piek bereik. Dit het gebeur ongeveer twee uur voordat die gekaapte vliegtuig in die eerste van die Twin Towers in New York neergestort het.

Daarna het die kurwe na agt uur tot die laagste vlak gedaal."

Normaal en paranormaal.

Die psigiese heelal is nog onbekend.

Baie mense het verskynsels van gedagte-oordrag of 'telepatie' ervaar. Ander mense het 'n toekomsvisie beleef.

Dit is psigiese of parapsigologiese verskynsels. Soms word hierdie verskynsels toegeskryf aan 'n

'Sixth Sense'. Hierdie gevalle word Extra-sensoriese persepsie (ESP) of PK- of PSI-verskynsels genoem

Vir materialiste is al hierdie verskynsels illusies.

Materialisme is al enkele eeue die standaard wetenskaplike posisie. 'N Klein minderheid navorsers het egter voortgegaan om psigiese verskynsels te bestudeer. As hierdie verskynsels werklik was, sou dit ons kennis van die gees baie uitbrei en die domein van die wetenskap uitbrei.

Maar hierdie ervarings strook nie met die materialistiese teorie nie. Daarom word hulle as "paranormaal" geklassifiseer. Die term "para-normaal" beteken letterlik "buite die normale".

Vir diegene wat die voorvoegsel "para-" gebruik, bestaan "normale" dinge nie uit die dinge wat werklik gebeur nie, maar moet dit goedgekeur word deur die vooroordele van die materialistiese wetenskap.

Net so beteken die term "para-sielkunde" "verder as sielkunde". Dit definieer dus 'n konteks wat nie deel uitmaak van die normale sielkunde nie.

Ek dink die voorvoegsel "para-" word onvanpas gebruik. As daar ESP-verskynsels bestaan, is dit 'normaal', nie 'paranormaal' nie. ESP-verskynsels is "natuurlik", nie "bonatuurlik" nie.

ESP-verskynsels is deel van die menslike natuur en kan wetenskaplik bestudeer word.

(Samevat uit: "The Science Delusion", deur Rupert Sheldrake)

Die "buite die sintuie" -kragte van die psigiese heelal.

"Die sewende sintuig"

Sedert Aristoteles het ons geleer dat die menslike liggaam vyf sintuie het: sig, gehoor, aanraking, smaak, reuk.

Hierdie sintuie is diegene wat ons in staat stel om fisies aan te sluit by die omliggende wêreld, om nuttige inligting te bekom om te oorleef.

In populêre wysheid is daar die "sesde sintuig". Hierdie sintuig word 'intuïsie' genoem en gebruik nie fisiese bemiddelaars nie: hande, tong, oë.

Intuïsie is die rykdom aan kennis wat ons in ons lewenservaring opgebou het. Intuïsie stel voor wat betroubaar is, wat gedoen moet word, hoe om so min as moontlik te waag in die lig van onsekere situasies.

Intuïsie verbeter op grond van ons ervaring.

Enersyds kan dit as "buitensensories" beskou word omdat dit nie deur enige fisiese orgaan bemiddel word nie. Aan die ander kant is intuïsie om twee redes nie 'buitensensories' nie.

Die eerste rede is dat intuïsie nie onbekende kennis in ons 'kennis' instel nie, maar die inligting gebruik wat ons reeds besit.

Die tweede rede is dat intuïsie bemiddel word deur die kennis in ons fisiese brein.

Daarom werk die "sesde sintuig" rasioneel op bekende gegewens.

Inteendeel, die "sewende sintuig" verwerk inligting wat nooit ons bewussyn en ons kennis aangeraak het nie.

Die "sewende sintuig" doen dit op 'n heeltemal irrasionele en onvoorspelbare manier.

Dit wil sê, die "sewende sintuig" stel ons bekend aan werklikhede wat heeltemal vreemd is vir ons daaglikse lewe en ons ervaring.

Die term "sewende sintuig" kan "buitesensoriese persepsies" of ESP (Extra Sensory Perception) toepaslik definieer. Hierdie is:

- Die vermoë om die toekoms te voorspel. (Voorkennis)

- Die vermoë om dinge wat normaalweg nie sigbaar is nie, visueel waar te neem. (Helderziendheid)

- Die vermoë om met denke te kommunikeer. (Telepatie)

Die vakgebied van 'buitesensoriese persepsies' word gewoonlik 'parapsigologie' genoem.

Dinge wat op die "regte tyd" gebeur.

"Het die "synchronicities of Carl Jung" die geskiedenis van die mens verander?"

Die 'synchronicities of Carl Jung' wat in die lewe van die individu voorkom, kom 'met intelligensie' voor, dit wil sê op die 'regte oomblik'. Dit beteken dat "Carl Jung's synchronicities" voorkom wanneer dit nodig is om 'n verskil in die individu se lewe te maak.

Hierdie stelling is nie net waar met betrekking tot individue nie. Daar is 'n 'universele intelligensie'.

Hierdie intelligensie programmeer die manifestasie van 'synchronicities' wat die hele mensdom kan lei na hoër evolusiestadia.

Die psigoanalis Joseph Cambray, 'n volgeling van Carl Jung, beweer die bestaan van 'kulturele sinchronisiteite'.

Volgens Joseph Cambray vind kulturele gebeurtenisse "gedryf deur 'n geheimsinnige krag" plaas in die evolusie van die mensdom. Hierdie gebeure vind plaas "op die regte tyd".

Hy noem as voorbeeld die geboorte van demokrasie in die Griekse beskawing.

'N Ander voorbeeld van 'n' regte oomblik 'blyk duidelik as ons die fases van menslike evolusie evalueer. Die eeue van die mens kan verdeel word in die Steentydperk, die Kopertydperk, die Bronstydperk en die Ystertydperk.

Deur dit op hierdie manier te sê, het ons nie die persepsie van hul duur nie.

Trouens, die steentydperk begin 3-4 miljoen jaar gelede. Die kopertydperk begin eers 6 000 jaar gelede. Die Bronstydperk het eers 5000 jaar gelede begin. Die ystertydperk het eers 3000 jaar gelede begin.

Die steentydperk was geweldig langer as al die ander. Waarom het die mens so lank in die steentydperk stilgestaan? Waarom het die mens so lank geduur om die Koper-era in te gaan?

Dit is 'n vraag wat die moderne paleontologie nie kan beantwoord nie.

Kom ons waag 'n hipotese. Gedurende daardie baie lang tydperk wou mans nie na hoër vlakke ontwikkel nie.

Miskien het die manne van die Steentydperk hulle nie die moontlikheid voorgestel om te ontwikkel nie, omdat hulle nie 'n gewete gehad het wat bedoelings kon uitdruk nie.

Op 'n sekere punt het die manne egter toegeneem. Danksy gunstige omstandighede kon mans uit die steentydperk 'n 'psigiese kragveld' ontwikkel. Hierdie kragveld het interaksie gehad met 'n primêre psigiese krag. Hierdie krag was die argitek van menslike kulturele ontwikkeling. Dit is 'n "argetipe", veronderstel deur Carl Jung.

Van toe af was kulturele evolusie baie vinnig. Die menslike spesie het vinnig van die steentydperk na die kopertydperk oorgegaan. Later het dit oorgegaan vanaf die Koper-era na die Bronstydperk en daarna na die Ystertydperk.

Vandag leef ons in die era van silikon, dit wil sê in die era van inligting.

Vandag het ons die nuttige kommunikasie-instrumente om vinnig nuwe idees te versprei.

Nuwe idees kan 'velde van psigiese krag' en begeertes met betrekking tot die nuwe grense van kennis genereer.

Die "psigiese kragvelde" wat vandag gegenereer word, is al hoe kragtiger. Hierdie 'velde van psigiese krag' kan die evolusie van die mensdom binne 'n paar dekades verander.

Elke evolusionêre stap kan oor 'n paar dekades plaasvind. Miljoene jare is nie meer nodig nie.

Die huidige toestand van die mensdom is beslis die 'regte tyd' vir die bevestiging van nuwe idees, gebore uit die bydrae van die kwantumfisika.

Danksy die kwantumfisika word nuwe interpretasies van die werklikheid gebore. Hierdie kennis kan al die ou oortuigings oor die realiteit van die heelal ontstel.

Al die leerstellings wat deur die materialistiese wetenskap verkondig word, sal weggevoer word.

Inderdaad voorspel kwantummeganika 'n werklikheid waarin die materiële deel van die heelal met 'n 'psigiese' deel saamwerk. Die heelal is intelligent en het 'n siel.

'N Leër van' verdedigers 'van hierdie nuwe wetenskap kom regoor die wêreld na vore.

Dit is 'n leër wat 'n uiters kragtige 'psigiese kragveld' kan genereer. Uit hierdie 'psigiese kragveld' ontstaan die 'kulturele sinchronisiteite' wat die mensdom kan lei na die 'Omega-punt.

Die groot sinchronisiteit wat nou gebeur.

"Die regte tyd is nou."

In my boek "Quantum Entanglement and Synchronicity" het ek daarop gewys dat die evolusie van die mens nie op 'n lineêre wyse plaasvind soos deur Darwiniste voorgestel nie. Wetenskaplike studies toon dat evolusie onreëlmatig verloop.

Dit kan inderdaad nie ontken word dat die mens byna vier miljoen jaar in die steentydperk stilgestaan het nie.

Dan het die mensdom gedurende die afgelope 12 000 jaar 'n ongelooflike evolusionêre sprong geneem.

Die mens het die klip al 99,99% van sy bestaan hanteer. In die laaste 0,1% van die tyd het die mens in staat geword om op die maan te land.

Waarom het dit gebeur? Die antwoord is dat alles op die "regte tyd" gebeur.

Die 'geskikte oomblik' word duidelik met 'n reeks sinchronisiteite. Synchronisiteite stimuleer elke man om die avontuur van verandering aan te pak. Dit gebeur ook in die geval van 'n hele gemeenskap

Ons beleef tans een van hierdie oomblikke. Ons beweeg van 'n beskawing gebaseer op die oorheersing van materialisme na 'n nuwe beskawing.

In hierdie nuwe beskawing werk die "materie" en die "psige", die liggaam en die gees ewe waardig saam.

Ons sal nuwe wette van die heelal ontdek.

Die algoritmes van die fisika van die toekoms sal gebaseer wees op die werking van materie verweef met die werking van die gees.

'N Ongelooflike reeks "sinchronisiteite" lei ons na hierdie doel.

Ons is op pad na 'n nuwe evolusionêre vlak van die gees. In die toekoms sal niks dieselfde bly as vandag nie.

Ons reis waarskynlik vinnig met die rigting van die "Omega Point".

"Omega Point" is 'n term wat deur die Franse Jesuïet-wetenskaplike Pierre Teilhard de Chardin geskep is.

"Omega Point" is die hoogste vlak van kompleksiteit en bewussyn. Die intelligensie van die Kosmos lei die mensdom na die "Omega-punt".

Dit is 'n vlak waarin daar 'n totale samewerking sal wees tussen 'die heelal gemaak van materie' en 'heelal uit gees'.

Perché "Cenacolo Jung Pauli"?

Progetto culturale "Cenacolo Jung Pauli."

Il nome "Cenacolo Jung Pauli" contraddistingue una corrente di pensiero e di studio. Questa corrente si ispira al lavoro e alle intuizioni nate dalla collaborazione di due celebri scienziati. Da una parte Carl Gustav Jung, psicologo e psicoterapeuta svizzero, e dall'altra Wolfgang Pauli, fisico austriaco. Jung è molto noto per le sue teorie sull'inconscio collettivo e sulla sincronicità. Pauli è altrettanto noto, in ambito scientifico. Su Pauli possiamo dire che nell'anno 1945 ha ricevuto il premio Nobel per i suoi studi su un principio basilare della meccanica quantistica, conosciuto come "Principio di esclusione di Pauli".

I due scienziati operavano rispettivamente nel campo della psiche e in quello della materia. Questi due settori sono considerati assolutamente incompatibili tra loro. Infatti, il materialismo scientifico nega l'esistenza di ogni componente psichica nell'universo conosciuto.

Nonostante fossero soggetti alle diffidenze e agli scetticismi dei rispettivi establishment culturali, la loro collaborazione durò almeno vent'anni. Durante quel periodo non smisero mai di cercare un "elemento unificante", capace di conciliare, sul piano scientifico, le ragioni della dimensione psichica con quelle della dimensione materiale.

Purtroppo, non raggiunsero questo obiettivo nel corso della loro vita, ma furono profeti di una nuova interpretazione scientifica dell'universo. Infatti, l'evoluzione delle conoscenze nel campo della fisica quantistica, e soprattutto le conferme sperimentali di fenomeni come l'entanglement, rivalutano le loro teorie. Oggi emerge con forza l'idea di un universo che non è diviso in "oggetti materiali". L'universo non è diviso ma consiste in una realtà unica, fatta di spirito e materia. Si tratta della realtà che Jung e Pauli chiamavano "Unus mundus". La materia e la psiche hanno uguale dignità e contribuiscono assieme all'esistenza dell'universo.

Il "Cenacolo" è un luogo di conoscenza e di approfondimento. Crediamo che sia l'ambiente più adatto per riprendere i lavori dal punto in cui Carl Jung e Wolfgang Pauli li interruppero.

Possiamo affermare che, oggi, l'attualità scientifica nobilita le loro ricerche e le proietta verso interpretazioni ancora più ardite di quanto loro stessi avevano immaginato.

Dunque, il "Cenacolo Jung Pauli" è un progetto culturale che utilizza i mezzi della scienza classica, ma anche quelli della filosofia e della metafisica. Ovviamente, tutta la nostra riconoscenza va al coraggio e alla tenacia degli iniziatori. Saremo perennemente loro debitori.

Questo ebook traccia sommariamente il percorso culturale sottinteso al progetto del "Cenacolo Jung Pauli". L'intento è quello di renderlo più chiaro a quanti provano interesse per questi argomenti.

Chi desidera approfondire, può leggere altri testi della serie "Cenacolo Jung Pauli".

I concetti espressi in questo ebook sono tratti, nella maggior parte, dai libri pubblicati dalle "Edizioni PensareDiverso". In altri casi, gli autori sono citati.

Ander boeke in hierdie reeks.

DIE BOEKE IN HIERDIE REEKS WORD IN BAIE
TALE GEGEE, INSLUITEND:
AFRIKAANS - FRANS - SPAANS - DUITS -
PORTUGIES - NEDERLANDS
Baie ander tale is beskikbaar vir die verskillende
titels.

U kan die publikasies van die reeks "Cenacolo
Jung Pauli" op die webwerf vind:
www.giardinoquantico.it.
Dit is beskikbaar in e-boek of gedrukte formaat..

Kwantumverstrengeling en sinkronisiteit.

Nie-lokaliteit, veld van sterkte, ekstrasensoriese persepsies. Die verrassende eienskappe van kwantumfisika.

Afrikaanse taal.

Pages 258. 55 illustrations.

Dikwels word ons daaglikse lewe vergesel van intuïsie en omens. Daar is episodes van telepatie of ander sensasies van die siel wat die bestaan van mans vergesel. Hierdie verskynsels is nie skaars nie en raak almal. Sommige geleerdes, met 'n meer oop mentaliteit, wou die onderwerp wetenskaplik aanpak. Hulle het gewonder of daar 'n manier is om ekstrasensoriese ervarings te verstaan sonder om okkultisme, mitologie of pseudo-godsdienstige filosofieë te gebruik.

Kwantumfisika bied positiewe antwoorde op hierdie vraag. Dit is nou seker dat die elementêre deeltjies met mekaar verbind is. Kwantumverstrengeling bevestig dat in die vlak van die elementêre deeltjies "alles een is". In hierdie eenheid kan ons 'n gedagte van die heelal herken. Miskien Plato's *Anima Mundi*. Miskien is die *Kollektiewe onbewuste* van Carl Jung. Miskien *Tao* van Oosterse filosofie. Of dalk 'n heeltemal nuwe visie van die werklikheid, wat die materiaal en die psigiese verenig. Die skrywer, met die duidelikheid van 'n deskundige kommunikeerder, behels die leser in hierdie onderwerpe van refleksie.

INHOUDSOPGAWE VAN DIE BOEK.

Inleiding. Waaroor hierdie boek handel
I - Noodsaaklike perseel
1 - Die bloedbad van Baruhillstraat
'N teenoorgestelde geval
2 - Hoe swaar is die siel?
Meer presiese weegings word vereis
Alles moet heroorweeg word
3 - Normal und paranormal.
British Society for Psychical Research

Dit is nog nie genoeg nie

4 - Die mure van Jerigo begin bewe

Die "junk DNA"

Herlewing van breinselle

96% van die heelal reageer nie op die oproep nie

II. Die siel van die wêreld

5 - Die bewussyn van die eenheid van alles

Plato en die Soul Mundi

De "Anima mundi" in de westerse cultuur

Anima Mundi en Oosterse kultuur

6 - Die wonderbaarlike feit van die West Side Baptist Church.

III. Sinkronisiteit.

7 - Carl Gustav Jung. Sinkronisiteit en kollektiewe bewusteloos. 5

Sinkronisiteit in die Baruhillstraat-gebeurtenis

Velde van krag en verandering van die werklikheid

Sinkronisiteit in die geval van die koorlede wat deur die ontploffing gered is

Wanneer die werklikheid fisies geraak word

8 - Sinkronisiteit as 'n agent van transformasie van die werklikheid

Fisiese transformasie. Gebed en genesing

Lus en voorneme

9 - Want dit gebeur nie altyd nie

Emosionele betrokkenheid

Die swak seinteorie

IV. Psigiese kosmos

10 - Materie, verstand en gees

Die fisiese vlak van bestaan

Die kwantumvlak

Die nie-plaaslike vlak

Hoe deel ons hieraan?
11 - Krachtvelden
Die berg van meledisies
Die bad in die Ganges-rivier
Sterkte velde en argetipes
12 - Geestesgebiede
Hoe werk morfogenetiese velde?
Morfogenetiese velde en morfiese resonansie
Morfiese velde
Geweldsveld in die natuur. Die klippe
13 - Pierre Teilhard de Chardin en die Noosphere
14 - Tyd, afstand, nie-ligging
V - Wonderwerke van kwantumfisika
15 - Sinkronisiteite gebeur op die regte tyd
16 - 'N Vergadering op die regte tyd
Pauli effek
Die psigofisiese diagram van Pauli en Jung
17 - Kwantumverstrengeling
Waar verstrengeling gebore word. Die elementêre deeltjies.
Elektrone min gedissiplineerd
Die quantum plot word gebore tussen twee "tweeling" fotone.
18 - Die eksperiment deur Alain Aspect
Die beginsel agter kwantumverstrengeling
Vryhede kostuums van "entangled" fotonen
19 - Die implikasies van kwantumverstrengeling.
Entanglement weier kousaliteit
Entanglement weier die vaste rigting van tyd
In die nie-plek is daar geen ruimte en tyd nie
VI - Extrasensory persepsies

20 - Die sesde en sewende sintuie
Die kosmos
Definisie van ekstrasensoriese persepsie
Die Ganzfeld-eksperiment.
21 - Telepatie
Eksperimente deur Joseph Rhine
Eksperimente deur Upton Sinclair
Die eksperimente van René Warcollier
Kwantumverstrengeling en telepatie
Sensoriese toevallighede tussen tweeling
22 - Die individuele kragveld
Elke skepsel wissel met verskeie velde
En wanneer sterf die wesens wat gebeur?
23 - Voorkennis
24 - 'N Tragiese avontuur in die see
'N Ware verhaal. Die sink van die Mignonette
25 - Literêre voorspellings
Futility. Die sink van die Titan
26 - Die forebodings
Die eksperimente van Dekaan Radin
Voorspelling van rampe
27 - Ander vorme van foreboding.
Die gevoel van waargeneem word
Die bose oog en fassinasie
28 - Die projek " Global Consciousness ".
Iemand het ons probeer. Die Google Profile
of Mood States (GPMOS)
Iemand het daarin geslaag.
Die geval van die Twin Towers
Die Global Bewustheidsprojek vandag.
29 - Gevolgtrekkings. Is dit die regte tyd?

The Universe Is Intelligent. The Soul Exists

Quantum Mysteries, Multiverse, Entanglement, Synchronicity. Beyond Materiality, For a Spiritual Vision of the Cosmos.

Pages 270. 21 Illustrations.

The incredible discoveries of quantum physics are completely upsetting the assumptions of classical science. Today the technique allows amazing achievements. For example, the first quantum computers with almost unlimited computing capabilities are being realized. Some support the real possibility of time travel. In addition to these innovations known to the general public, there are others less known but no less important. They are the novelties deriving from quantum studies, among which we can mention the "superposition of states" and the "quantum collapse".

The "superposition of states" confirms that the same particle can be found simultaneously in two or more places. The theory of "quantum collapse" confirms that the behavior of matter can be decided simply by observation. These are not assumptions, but principles verified experimentally.

This book does not only deal with these innovations, but gives much space to more advanced theories. These are theories announced but not yet confirmed. Furthermore, the book also evaluates the most risky theories, provided they are scientifically based.

For example, the book talks about the multiverse, or theory of parallel universes, proposed by the physicist Hugh Everett. In the same way the book speaks of non-locality. It is a psychic space totally independent of the laws of classical physics. As a result of non-locality, elementary particles, located at astronomical distances, behave as if they were one.

This book also talks about the latest research by Roger Penrose, an unbelieving physicist, and Stuart Hameroff. According to these two scientists the soul exists and can be identified with quantum fluctuations. These fluctuations have the ability to survive the physical death of the body.

If really the "souls" are condensations of quantum fluctuations, we can formulate a question: will it ever be possible to devise instruments that allow dialogue with these fluctuations?

The book exposes the research of established scientists but without using any mathematical formula. The theories are exposed in a simple and understandable way to everyone. In this way everyone can discover the unsuspected aspects of the reality in which we live.

It is clear that quantum physics is decreeing the end of materialism and the beginning of a new cultural phase, based on the collaboration between spirit and matter.

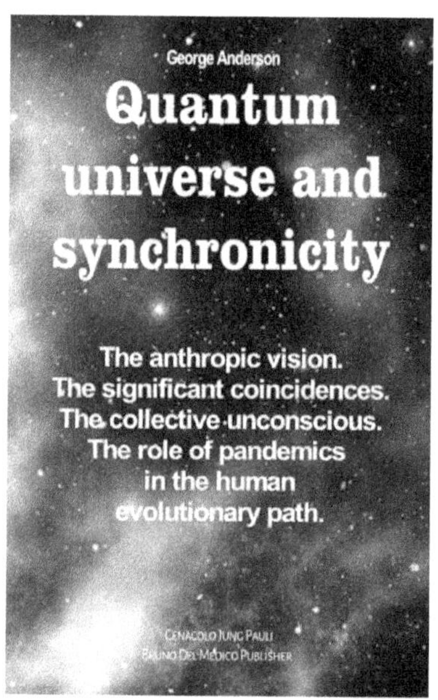

Quantum universe and synchronicity

The anthropic vision. The significant coincidences. The collective unconscious. The role of pandemics in the human evolutionary path.

Edizioni PensareDiverso Copyright 2020. Pages 266

Quantum physics proposes, on a scientific basis, the concept of a universe in which each particle is connected with all the others through a bond that surpasses every law of classical physics. In this context, all things converge in a great project of cosmic evolution, the "Unus mundus". Today many well-known scientists subscribe to the "anthropic theory", according to which the universe was not born by chance, but was created exactly with the characteristics it possesses to host intelligent life. The latest scientific discoveries deny materialism and impose a more spiritual vision of the universe in which we live.

The synchronicity theory was developed with rigorous methodologies by the famous psychologist Carl Jung. During a long collaboration Jung obtained the support and encouragement of a valuable fellow student, the physicist Wolfgang Pauli who was a Nobel Prize in 1945.

Synchronicity represents a very valid starting point for investigating the profound reasons for some events that normally appear random. In fact, synchronicities are manifested in the life of each of us through strange coincidences, dreams, intuitions and presentiments, to confirm that nothing comes from chance.

The synchronicities described by Jung are chains of apparently random episodes, which nevertheless contain a "numinous" message. Although the theory of synchronicity is credited to the field of metaphysics, the most current discoveries of quantum physics have demonstrated its scientific plausibility.

Each event, like the series of epidemics that dot the last few decades, leaves the context of randomness and takes on a well-defined meaning in the history of the human species. Probably the theory of synchronicity is the most suitable to answer this question: does the coronavirus represent an event due to chance, or does it contain a significance that needs to be revealed? In the final part this book deals with the numerous cases of epidemics that have developed in recent years (Sars, Mers, Hiv, Ebola, Covid-19 etc.) and places them in the context of a global synchronicity that is guiding humanity towards highest level of complexity and awareness.